AF371027

LA PHOTOGRAPHIE

MAYER FRÈRES ET PIERSON

AUX FRÈRES-PROVENÇAUX

8 Février 1859

PARIS

IMPRIMERIE CENTRALE DE NAPOLÉON CHAIX ET COMPAGNIE

Rue Bergère, 20, près du boulevard Montmartre.

LA PHOTOGRAPHIE

MAYER FRÈRES ET PIERSON

AUX FRÈRES-PROVENÇAUX

8 Février 1859

PARIS

IMPRIMERIE CENTRALE DE NAPOLÉON CHAIX ET COMPAGNIE

Rue Bergère 20 près du boulevard Montmartre

COMPTE-RENDU

DU

BANQUET PHOTOGRAPHIQUE

Le 25 janvier 1859, par un temps couvert et légèrement pluvieux, les six commissaires honorés de la confiance générale se sont rendus chez M. Frédéric Mayer, président de la commission; à neuf heures, la séance délibérative est ouverte, et, afin de ne rien devoir à l'enthousiasme, mais tout à la saine et froide raison, on a poussé la délicatesse jusqu'à ne goûter au bishof qu'après la fin des travaux du comité.

M. Rissler a donné l'exemple à ses collègues, par une brillante improvisation dans laquelle il s'est à peine glissé un calembour (M. Rissler était d'ailleurs dans son état normal).

M. Quintard, reprenant avec courtoisie les questions traitées par le préopinant, a fait preuve d'une éloquence moins fleurie, mais nerveuse et pleine de pensées.

M. Salviat, en quelques paroles bien senties, a fait l'éloge de l'établissement des Frères-Provençaux.

M. Bernard a caressé sa barbe d'un air d'approbation.

Les deux commissaires féminins ont émaillé la discussion de quelques notes de contralto et de soprano aigu. Enfin, M. le président, résumant la discussion avec une logique serrée et entraînante, a fait traiter une à une toutes les décisions, au nombre de onze, et en a dicté la teneur à la secrétaire de la commission, la petite Pauline Bauchet.

Il a donc été décidé que le dîner et le bal auraient lieu le mardi 8 février 1859, dans les salons des Frères-Provençaux; que les soins les plus délicats seraient apportés à l'organisation de la fête, et que les commissaires porteraient un insigne de couleur cerise, à la boutonnière ou sur l'épaule, suivant l'usage immémorial de leur sexe respectif. Les commissaires se sont voté des remerci ments pour toutes les peines qu'ils avaient l'intention de se donner. Leurs projets de dévouement ont été si spontanés, si simples, comme tout ce qui est vraiment grand, qu'ils n'ont pas même songé à se lier par des serments officiels et qu'ils ont dégusté le bischof avec la sérénité qui convient à des âmes honnêtes, satisfaites d'elles-mêmes.

Je passe sous silence les preuves de zèle qui ont été prodiguées entre le 25 janvier et le 8 février. J'arrive, sans transition, au grand jour.

En dépit de la puissance de volonté dont chacun a fait preuve, une agitation fébrile s'est manifestée dès le matin dans la maison Mayer et Pierson. Quelques déjeuners ont été languissants, quelques pieds féminins semblaient avoir été piqués par la tarentule ; on prétend même qu'une dame (que je ne nommerai pas), a poussé la préoccupation jusqu'à peindre une paire de petits souliers bleus sur la robe noire de son modèle. Les commissaires masculins ont gardé le plus parfait décorum. M. Quintard, en dépit de quatorze courses successives, motivées par la confection des nœuds cerise, n'avait rien perdu de sa désinvolture habituelle. De trois à quatre heures, la désertion des ateliers commençait et on fredonnait, en se serrant la main : *Mais ne va pas manquer à notre rendez-vous !*

A l'heure dite, les commissaires, exacts comme des rois polis, se trouvaient à leur poste. Il est juste de dire, très-sérieusement, que, grâce à ces messieurs, l'établissement des Frères-Provençaux s'est montré digne du choix flatteur dont il avait été l'objet.

Le dîner a commencé un peu avant sept heures, et les conversations particulières ont prélude à la conversation générale. Les convives ont manifesté la plus touchante sollicitude les uns pour les autres, en s'invitant mutuellement à goûter des mets choisis qu'on faisait circuler autour de la table.

Les bouchées à la reine ont mérité des éloges ; le turbot à la sauce tomate, les côtelettes à la purée de marrons ont inspiré une profonde estime. Le bordeaux versé, M. Thierry, de Lyon, s'est levé et a demandé la parole. Il s'est exprimé ainsi :

« Ancien disciple de Daguerre, à ce titre, je réclame la priorité de la parole.

» Messieurs, le premier toast doit être, il me semble, pour les fondateurs intelligents de notre établissement modèle de photographie. Buvons donc à MM. Mayer et Pierson ! »

C'était justice ; aussi, tout le monde s'est-il joint de bon cœur à M. Thierry. M. Ernest Mayer, quittant sa place, a fait le tour de la table pour toucher le verre de chacun.

M. Massenot a porté ensuite à Mme Mayer et à Mme Pierson un toast non moins bien accueilli.

Le moment où la cordialité s'épanche avec le plus d'entrain étant arrivé, M. Frédéric Mayer a voulu profiter de cette heure de verve pour métamorphoser Mlle Pauline Banchet en petit Cicéron. Il s'est élancé sur cette jeune victime, l'a saisie par le bras, l'a conduite au beau milieu de la table, en dépit de ses supplications, et lui a imposé la parole. Pauline, sentant qu'elle devenait plus rouge que son nœud cerise, et que sa gorge se serrait singulièrement, a protesté d'une voix pointue qu'elle était incapable de filer le moindre discours. Les auditeurs ont bien voulu se montrer indulgents pour cette faiblesse oratoire, et ils en ont été sur-le-champ récompensés par M. Mayer, qui leur a chanté sa spirituelle chansonnette de *Chacun pose*, nous démontrant que les phothographes et les peintres n'avaient pas seuls le privilége de faire poser, et que généralement, dans la vie, tout le monde posait dans toutes les acceptions de ce mot. Nous ferons plaisir à ceux qui l'ont entendue en la rappelant ici :

CHACUN POSE.

Chacun pose,
  Pour sa cause :
Il ne s'agit que d'oser.
  C'est la vie,
  La manie :
Poser et faire poser.

Combien de gens font spectacle
De leurs mines du Pérou ;
Mais leur mine véritable,
C'est quand ils n'ont pas le sou.
  Chacun pose, etc.

En plaidant, l'avocat pleure
Pour la veuve et l'orphelin :
Suivez-le dans sa demeure,
Il rit en comptant son gain.
  Chacun pose, etc.

Voyez aux Champs-Élysées
Nos biches cherchant des daims ;
Les plus crinolinisées
Sont bien celles que je *crains*.
  Chacun pose, etc.

D'être adoré d'une femme
Chacun a l'intention :
Mais c'est, hélas ! sur mon âme,
Bien sotte prétention.
  Chacun pose, etc.

Dans une mauvaise affaire,
On se rend sur le terrain
Pour tuer son adversaire :
Mais il ne meurt qu'un lapin,
  Chacun pose, etc.

Voyez ces gens de finance
Proposant leurs actions,
Mais chargeant leur conscience
De mauvaises actions.
  Chacun pose, etc.

Cet artiste dramatique
Fait courir au boulevart :
C'est un excellent comique,
Oui, plaisanterie à part.
  Chacun pose, etc.

Sur une photographie
On a son portrait frappé,
Et grâce à cette industrie,
Chacun se trouve attrapé.
  Chacun pose, etc.

Un siége académique,
De ce savant est l'espoir :
Oui, mais ce fauteuil magique
Lui dit : Allez vous asseoir !
  Chacun pose, etc.

Nos grands peintres. nos étoiles.
Dont on vante les talents.
Sont si gonflés de leurs toiles...
Qu'on s'en fait des paravents.
    Chacun pose, etc.

Je connais un homme unique,
Qui se figure, dit-on,
Faire de bonne musique.
C'est lui que je trouve bon !
    Chacun pose, etc.

A cette monomanie
Il faut pourtant s'exposer.
En ce moment. je parie.
Je pose et vous fais poser.

    Chacun pose,
    Pour sa cause ;
    Il ne s'agit que d'oser.
    C'est la vie,
    La manie :
    Poser et faire poser.

Le dernier couplet a été bissé et chaleureusement applaudi.

M. Lavillette a chanté à son tour des couplets inspirés par le caractère amical de la réunion et par une juste reconnaissance envers les maîtres de la photographie... Nous les donnons *in extenso*.

LA PAQUE PHOTOGRAPHIQUE.

Salut à toi, pâque photographique,
Festin béni. banquet délicieux !
Oh ! quelque fée à baguette magique
A cette table a transporté les cieux.
Voyez des cœurs les fraternels mélanges !
Toutes les voix ont des accents amis !
Et pour fleurir ce divin paradis,
A nos côtés n'avons-nous pas des anges ?...

    En ce jour, oui. nous le devons.
    Au progrès de notre art, buvons !
      Aux hommes de génie
      De la photographie,
      Buvons ! buvons! buvons'

Du saint tribut de la reconnaissance
Venons offrir une bien large part
Aux novateurs que l'on nomme d'avance :
Niepce et *Daguerre*, inventeurs de notre art!
Hommage à vous, dont l'œuvre est sans seconde!
Dieu vous dota du souffle créateur.
Quand le succès couronna le labeur,
Un nouvel astre illumina le monde !
    En ce jour, etc.

Honneur à ceux que chacun de nous cite :
Fizeau, Foucault, Mayer frères, Pierson !
A leurs talents, à leur rare mérite !
Encor Vaillat, Thierry, Plumier, Bisson !
Ces noms aimés ont apporté naguère,
Par des travaux profonds, intelligents,
Par la chimie, aux merveilleux agents,
Tant de rameaux à l'arbre de Daguerre !
    En ce jour, etc.

Peintres savants, artistes que j'admire,
Je bois à vous, dont le puissant concours
A de notre art, ici je puis le dire,
Fait rayonner les plus glorieux jours !
Sur notre esquisse, humble et simple pelouse,
Semez les fleurs de votre coloris :
Vaste arc-en-ciel de perles, de rubis,
Dont la nature a droit d'être jalouse.
    En ce jour, etc.

Vous que l'amour de la science enflamme,
Non, le savoir n'est point déshérité,
Et le génie, immortel comme l'âme,
Conduit toujours à la postérité.
Mages, suivez l'étoile d'espérance,
Qui peut enfin s'arrêter aux couleurs.
L'aigle atteindra les sublimes hauteurs,
Car son berceau ne fut-il pas la France ?
    En ce jour, etc.

J. LAVILLETTE.

M. Frédéric Mayer nous a lu ensuite un discours que ma plume très-légère n'ose entreprendre d'analyser, car il était plein des sentiments les plus sérieux. Il rappelait que la photographie est un art et non pas simplement une entreprise industrielle ; il saluait dans MM. Mayer et Pierson les chefs de ces laborieux novateurs qui continuent Niepce et Daguerre ; il faisait honneur aux artistes de leur concours à cette œuvre pleine d'avenir ; enfin, il disait aux femmes des choses si flatteuses, que je ne sais trop s'il m'est permis de les rappeler sans être accusée d'orgueil. Mais, après tout, si je dois faire preuve d'humilité personnelle, j'ai le droit d'être fière pour mon sexe.

C'est une chose convenue, j'accepte tous les éloges au nom des dames. Il y a d'ailleurs un moyen bien simple de savoir si M. Frédéric Mayer a flatté notre portrait, ou s'il a été strictement véridique ; c'est de lire son discours, que nous nous faisons un devoir de vous offrir.

DISCOURS PRONONCÉ PAR M. FRÉDÉRIC MAYER

Au banquet photographique du 8 février 1859.

MESDAMES ET MESSIEURS.

Si ce n'était l'extrême bienveillance que je lis dans les regards qui m'environnent, je ne sais vraiment où je puiserais la force de vaincre une émotion et une timidité bien naturelles à celui qui, pour la première fois de sa vie, doit parler devant une assemblée aussi nombreuse. J'essaierai donc, puisque j'y suis contraint d'une manière si flatteuse pour moi... Mais, hélas ! je cherche. Et en effet, que puis-je dire après toutes ces saillies, ces bons mots, ces poésies aux louanges si délicates, et ces délicieuses chansonnettes, pétillantes d'esprit, comme le champagne dans cette coupe de cristal ? Que trouver après ces toasts qui, semblables à une pluie de fleurs, sont venus, avec leur mille parfums, nous charmer et nous enivrer tour à tour ? Combien je vais paraître froid !.. Mais qu'y faire? Tout est opposition, dans l'art comme dans la vie : ombre et lumière.

Vous faire l'historique de la maison fondée par MM. Mayer et Pierson, vous parler de la prospérité de l'établissement, à quoi bon? Les chiffres ne parlent-ils point d'eux-mêmes, et les heureux actionnaires n'ont-ils pas, dans cet Eldorado, trouvé une mine inépuisable ?

Cependant reportons-nous à l'époque de la création, il y a maintenant quatre années seulement. Que de fatigues, que de soins, que de démarches pour la réalisation de cette idée ! que de projets conçus et rejetés ! que d'espérances brisées ! Mais enfin, grâce à Dieu, toutes les difficultés sont aplanies, et un splendide *Photographic Palace* ouvre ses portes dorées au public !... Cet appel est entendu, et une nombreuse clientèle, se pressant dans les ateliers, consacre par sa présence un succès de plus dans l'industrie. — Paris, la province et l'étranger se disputent les photographies de MM. Mayer et Pierson.

Tout autre, dans cette situation, se fût contenté du présent. Il n'en fut point ainsi pour ces messieurs ! Qu'était pour eux ce métal, l'argent? Rien ! ! ! Ils voulurent la gloire !... Et la gloire vint à eux ! Ils eurent l'honneur d'être appelés et commissionnés pour prendre par la photographie tous les membres du Congrès de la paix, date historique s'il en fut jamais ; car de ce jour les hommes d'État comprirent seulement que la guerre, cette fatalité des nations, qui recule par siècles les sciences et le progrès que la guerre, dis-je, était un reste d'ancienne barbarie indigne des peuples civilisés.

Enfin, Messieurs, rien n'aura manqué à cette fortune rapide, à cet établissement exceptionnel : trois brevets signés de l'empereur Napoléon, du roi de Wurtemberg, et de la reine des Pays-Bas, en consacrent à jamais la haute réputation.

Ah ! combien, Messieurs, vous devez être fiers de pouvoir transmettre à vos descendants les titres de noblesse que vous avez reçus de tous les souverains du monde ! Voyons, quel est le photographe qui pourrait, comme vous, montrer, je ne dirai pas de périssables parchemins, mais des diplômes semblables aux vôtres, sculptés dans l'or et le diamant ?

En rappelant de tels faits, une émotion bien légitime inonde mon cœur de joie ; je suis heureux de voir mon nom inscrit sur vos drapeaux et mon passé mêlé à de si glorieux souvenirs !

A vous donc, Monsieur Pierson, qui, sous une si grande modestie, cachez de si fortes qualités ! A vous qui. à toutes les vertus du foyer, joignez l'intelligence de l'art et de l'administration ! A vous, qui êtes à la hauteur de votre œuvre et marchez avec le progrès !

A vous, Monsieur Esnest Mayer ! Je salue votre triple couronne de poëte, d'artiste et de musicien !

Rassurez-vous, je ne parlerai pas de vos vertus privées ; je ne viendrai point vanter les qualités de votre cœur. Je blesserais votre modestie, et je ne dirais rien d'ailleurs qui ne fût connu de chacun de nous en particulier.

Mais je dirai : Honneur à ces deux natures d'élite! à ces deux hommes qui. comme Cadmus fondant la ville de Thèbes, ont dit, en scellant la première pierre de l'édifice : « Ici sera la maison centrale de la photographie universelle ! »

Allons, Messieurs, marchez en avant ! Devant vous il y a un horizon sans borne, un avenir sans fin ! Comme un arbre gigantesque, étendez vos branches sur toutes les villes du monde ! Continuez avec courage, et qu'un jour les noms de Mayer et Pierson soient gravés en lettres d'or sur les tables de marbre de la science, comme les continuateurs, comme les propagateurs d'une grande découverte !

A vous, messieurs les artistes!

A vous qui, par votre talent, avez puissamment contribué au succès de l'entreprise !

On a dit, et j'entends dire encore que la photographie est incompatible avec l'art du peintre. Eh bien, Messieurs, vous venez ici, par votre présence, donner un éclatant démenti à ces fausses allégations. Et je dis, moi, que de la réunion de ces deux différents arts il est souvent sorti de l'atelier des œuvres qui, par leur mérite, étaient bien au-dessus de certaines toiles exposées au regard du public.

Permettez-moi, Messieurs, pour quelques instants. de vous entretenir d'impressions toutes personnelles.

Dans mes voyages, j'ai visité différentes galeries de peinture : les musées français, l'Angleterre, la Belgique, la Hollande ; partout j'ai vu et admiré les chefs-d'œuvre de nos plus grands maîtres : Raphaël, Michel-Ange, Paul Véronèse, le Guide, Annibal Carrache, Salvator Rosa, Rembrandt, Van Dyck. Téniers, enfin tous les grands artistes qui, à différentes époques, sont venus par leur talent illustrer leur siècle. Eh bien, je vous le demande, Messieurs, ne vous est-il pas fréquemment arrivé de retrouver dans une bonne photographie la pureté de l'un, la force de l'autre ; la grâce et la vigueur, qualités qui caractérisent certains maîtres ; la fougue et l'entraînement de celui-ci, les larges conceptions d'un autre, les effets de lumière d'un grand maître ; enfin, l'esprit, la finesse et l'originalité de l'école flamande ? Ne retrouvez-vous pas quelquefois aussi les effets des Claude Lorrain, Canaletti ?.... Allons, Messieurs, rendons justice à cette pauvre photographie, si souvent calomniée, si souvent admirée aussi ; laissons-la grandir, et il viendra un jour, j'en ai la conviction dans le cœur, un jour où chacun s'inclinera devant les merveilles qu'elle nous promet.

A vous, mesdames !

A vous, qui avez bien voulu venir, par votre présence, embellir notre réunion de vos gracieux sourires et de vos charmantes personnes !

> Sur ce sexe enchanteur, si je pouvais rimer
> Quelques alexandrins qui pussent vous charmer !
> Voyons un peu, cherchons. Il faut que cela brille :
> La vertu, la candeur, l'étoile qui scintille !
> Non, ce n'est pas assez ; il faut être coquet...
> La reine de beauté ! Ce n'est pas un sujet.
> Des dames faire un choix ! en vérité je n'ose.
> Le jasmin, la pensée, et le lis, et la rose.
> Confondent, à mes yeux. tant d'éclat, de fraîcheur ;
> Leurs pétales tremblants se baissent de pudeur !
> Il faut prendre un parti, je ne saurai mieux faire :
> Cueillir toutes les fleurs de ce brillant parterre .
> Tresser une couronne à votre royauté ,
> A la femme! à l'amour ! à la divinité !

A vous qui, dans une sphère plus modeste, venez, par la seule influence de vos vertus et de votre amour, soutenir notre courage, relever notre ardeur dans la lutte du monde, et contribuer au développement de nos facultés !

En effet, la femme, comme notre bon ange aux blanches ailes, ne vient-elle pas au bord du sentier nous montrer le chemin qui conduit au temple ?

Non, Messieurs, sans l'amour d'une femme, plus rien ! plus de ces actions d'éclat qui font bouillir notre sang d'ivresse et d'envie ; plus de ces grandes choses, de ces grandes découvertes qui viennent illuminer le monde et reculer de plus en plus les bornes de la science !

Béatrix inspira le Dante ;

Sans Laure, Pétrarque eût brisé sa lyre peut-être ;

Et enfin le Tasse, s'inspirant d'Éléonore d'Est, légua à la postérité les magnifiques chants de la *Jérusalem délivrée*.

Allons, Messieurs, inclinons-nous devant les qualités multiples de la femme. La femme, c'est le rayon de soleil qui nous éclaire ! c'est la muse qui nous inspire ! c'est elle qui vient, par de douces paroles pures comme la source des champs, rafraîchir l'ardeur du génie emporté ! La femme, être de charité dont le dévouement va jusque dans les hôpitaux soulager et consoler ces malheureux qu'elle appelle ses frères !

La femme, c'est l'espérance !

La femme, c'est notre mère !

Je termine, Messieurs. Aux dames ! aux artistes ! aux gérants !

A ces deux génies immortels : NIEPCE ! DAGUERRE !

A la photographie !

M. Rissler a transporté la société du sein du monde civilisé au milieu des forêts ombreuses. Il a évoqué les faunes, les sylvains, les dryades, les hamadryades, et on a cru voir un moment ce monde mythologique et forestier folâtrer parmi les fleurs qui ornaient la table. Je me demande encore si je suis bien réellement la muse ou plutôt la nymphe inspiratrice de M. Rissler. Lisez, et dites-moi ce que vous pensez de mon doute jaloux.

DÉCLARATION A UNE DAME EN PLAINE FORÊT

Par M. RISSLER.

Le *charme* qui règne dans tout votre *être* me séduit et m'enchaine. Désormais je cède aux lacs et em*bûches* que le feu de vos regards fascinateurs étend sur moi.

Mais je *tremble* d'en avoir déjà trop dit, pauvre *biche*, vous me voyez peut-être avec *dédain*, moi, votre *serf*, votre esclave, enfin, qui voudrais pouvoir prendre *racine* à vos pieds ; oui, à vos pieds, où je ferais *four*, si vous murmuriez ou *maronniez* contre moi, car *four* serait un supplice si vous me *bannaniez* de votre présence. Et au fait, pourquoi votre bon vouloir fermerai*t-il l'œil* à ma prière ? Faudra-t-il, comme un mis*érable*, que je *refrène* mon amour, au lieu de le voir *boulotter si près* de vous ?

Ah ! qu'assis à vos pieds, et un *peu plié* à vos genoux, quel *charme il* y aurait pour moi de me voir si *tôt rangé* parmi vos amis !

Je crois que *ça peint* la modération de ma flamme. Quand *céderez*-vous à mes vœux ? je voudrais que vous vous *palmiez* de plaisir à mes paroles !

Rien que d'y songer, j'en *pâlis ! Cent dr*agons du jardin des Hespérides m'effraieraient moins que votre *courroux*. Mais que vois-je ? vous fléchissez à mon discours, et je puis dire comme le poète arabe :

Tu y as souri, je suis donc aimé !

M. Ernest Mayer a égayé la fin du dîner en nous lisant une revue critique où presque toutes les personnes attachées à l'établissement ont défilé l'une après l'autre, en attrapant au passage un trait piquant, mais en même temps si bénévole, que les victimes ont été les premières à en rire franchement. Nous reproduisons ici ce chapitre intime des *Guêpes*.

ROCAMBOLE FRÈRES ET RIGOLO

REVUE PHOTOGRAPHIQUE,

Par Ernest Mayer et Lavillette.

Chantée par M. Ernest MAYER.

(*Chante.*) Ah ! vive la photographie !
On peut, en quelques courts instants,
Perpétuer, après sa vie,
Sa binette à ses descendants.

(*Parlé.*) Messieurs, vous avez l'honneur de voir en moi l'un des célèbres Rocambole frères et Rigolo, photographes, héliographes, panotygraphes de toutes les célébrités contemporaines de Carpentras et Brives-la-Gaillarde ; professeur de tous les professeurs de daguerréotype passés, présents et futurs; car, vous le savez du reste, qui dit photographe, dit professeur, l'un ne va pas sans l'autre. C'est moi qui ai eu l'honneur de photographier les lauréats à cornes du département de *l'Eure*, en une *minute*, par un procédé connu de moi seul, et dont je suis l'inventeur unique ; procédé qui me permettra bientôt d'enfoncer à plat mes illustres confrères de la partie, qui, en définitive, n'ont eu que le talent de faire fortune en se moquant du public. Car, je vous le dis entre nous, il n'y a pas de mérite à faire de la photographie; tout le monde peut y arriver aussi bien que ces gros bonnets et que moi-même; il suffit, pour cela, de se procurer un appareil, et enlevé, le tour est fait, vous êtes photographe ! Tenez, moi qui suis le meilleur des professeurs et qui n'ai pas d'amour-propre, je veux vous initier en une seconde à ses plus obscurs secrets: ce qui, à mon avis, est simple comme bonjour ! Ainsi, par exemple, qu'est-ce que la photographie? le savez-vous? Eh bien, je vais vous le dire : c'est la décomposition des sels d'argent par les rayons lumineux ; la glace, enduite d'une couche d'iodo-azotate-ammoniacal-éthérique de collodion, est baignée dans une solution concentrée de nitrate d'argent, qui forme bientôt un ammoniaco-azotate qui, impressionné par les rayons héliographiques, décompose les molécules de l'azotate et les métallise en formant un chloro-bromure de cadmium, qui se développe bientôt au contact de l'acide pyrogallique ou gallique ou cyano ferro-gallique, de peroxyde de carbone, qui, fixé aux hyposulfites de soude et cyanure de potassium, donne l'image négative, qui, au contact d'un papier impressionné de chlorure de sodium et d'azotate d'argent, forme un chloro nitrate sensible que le soleil réduit également à l'état métallurgique de sous-chloro-azotate par la cristallisation des atomes de proto-iodure et d'hydro-acétate d'hyposulfite de potassium. C'est ce qui forme l'image. Vous avez compris! C'est stupide de simplicité, n'est-ce pas? Eh bien, vous voilà photographes comme moi; quand vous voudrez, vous serez professeurs.

> (*Chanté*.)   Ah! vive la photographie!
>   On peut, en quelques courts instants,
>   Perpétuer, après sa vie,
>   Sa binette à ses descendants.

Si la photographie a ses agréments, elle peut se flatter d'avoir aussi ses désagréments et ses agacements. Si vous saviez à quelles tortures nous sommes exposés par certains clients et clientes!...

Ainsi, par exemple, ces dernières nous accusent de leur faire toujours le nez trop court, la bouche trop petite et les yeux trop grands, la taille trop fine, les mains trop petites, etc. Bref il faudrait que notre pauvre instrument fît de chaque cliente une Vénus de Milo ou de Médicis. Je vous assure que j'aimerais mieux faire les portraits de cinquante hommes à cheval ou même de cinq Auvergnats. Les hommes, au moins, ne sont pas prétentieux. Ils sont seulement quelquefois assez exigeants. Je vais vous en citer quelques exemples :

Dernièrement il me vient un militaire. « Monsieur, me dit-il, c'est vous qui faites *la guerre aux types ?* — Oui, mon garçon, lui dis-je. — Eh bien, je voudrais, sans vous commander, que vous me tirassiez mon image pour en faire un portrait de sentiment. — Avec plaisir, jeune guerrier. — Combien est-ce que vous me prendrez? — 5 francs avec couleurs. — Et si on était *deusse* sur le même tableau? me demanda-t-il en se frisant la moustache. — Mais dame, pour vous, militaire, ce serait 2 francs de plus seulement pour la seconde personne qui poserait en groupe. — Diable! dit-il, il y a un vrai bénéfice et je profite de l'avantage. Faites-moi donc, monsieur le photographe, avec ma payse. — Eh bien, où est-elle votre payse? — Mais dans son pays, parbleur! — Et vous voulez que je la fasse sans la voir? Ah! délicieux, charmant. — Dame, puisque ça se fait à la mécanique, je veux être à *deusse* pour 7 francs. » Et voilà que mon homme, voyant que je ne peux faire avec lui sa Dulcinée, prie ma portière de vouloir bien poser avec lui, et il emporte son groupe de 7 francs, enchanté de n'avoir point payé aussi cher à deux que s'ils avaient été séparés.

Un autre jour, c'est un artilleur qui me refuse son portrait, parce qu'après l'avoir fait poser, j'ai oublié de le faire à cheval sur son canon.

Puis, une autre fois, c'est un monsieur qui vient me demander son portrait qu'il a vu dans mes montres. Je ne l'avais jamais *daguerréotrapé ;* mais il croyait se reconnaître dans deux portraits que j'avais exposés. Je les lui présente, et le voilà à choisir celui des deux qui lui plaît le mieux. « Celui-ci me ressemble bien, me dit-il, et il me convient assez; il est en habit, et je m'aime comme cela: l'autre est bien mon type également, mais il est en redingote, et je suis moins bien dans ce vêtement. Combien enfin chacune de ces épreuves? » ajoute-t-il. — L'un est de 8 francs, c'est un sixième; et l'autre de 10 francs, parce que c'est un quart. — Oh bien, ma foi, me dit la pratique, donnez-moi celui en redingote: je m'aimerais mieux en habit, mais c'est toujours 2 francs d'économisés. » Et il emporte quoi, pour son portrait? celui de mon frotteur endimanché ! En voilà un qui se connaît en *physique !*

Ah ! vive la photographie!
On peut, en quelques courts instants,
Perpétuer, après sa vie,
Sa binette à ses descendants.

(*Parlé.*) Maintenant, Messieurs, permettez-moi de vous dire un mot du magnifique établissement photographique que nous dirigeons sous la raison Rocambole frères et Rigolo. Laissez-moi vous peindre toutes les tracasseries, toutes les contrariétés que nous sommes obligés de vaincre, mais avec succès, j'ose le dire. Permettez-moi donc de vous conduire dans ce colossal établissement et de vous faire passer en revue tout son personnel : c'est un va-et-vient continuel ; il faut voir l'entrée et la sortie de tout ce monde... c'est un mouvement perpétuel, vu que chacun se trouve *hors logé*.

D'abord, en arrivant au haut de l'escalier, nous trouvons un petit domestique en livrée, qui dort ou qui lit son journal. Il est vrai que c'est le *Moniteur,* fameux narcotique ! Nous pénétrons ensuite dans le premier de nos nombreux salons, que l'on traverse sans trouver *ça long.* Dans ce susdit se tient un homme aux allures les plus aristocratiques, mais un peu *quin...teux :* je l'ai enlevé au fisc, pensant que c'était l'homme qui mettrait le mieux mes clients à *contribution.* C'est donc lui qui fait *l'article,* et il en a bien le droit, car il est coupable d'une certaine revue photographique, amphigourique et un tant soit peu léthargique. C'est notre article premier.

L'article 2, c'est l'article calembour et coq-à-l'âne ; et, quoique fort peu musicien, il s'occupe beaucoup de *notes;* du reste, très-bon *ton,* excellente *tenue,* et par conséquent, il est avec le client toujours *d'accord.* Dernièrement, on lui demandait s'il était vrai que nous eussions fait le portrait du prince Blagtoff (imiter les gestes et la voix de M. R... et la voix d'une femme). « Oui, certes, répond-il, le prince est venu poser *avec toutes ses blessures. —* Monsieur, dit cette même dame, je n'aurai donc pas mon portrait pour mercredi? — *Je le crains de cheval. —* Mais pour jeudi, sera-t-il prêt? — *Je le crois de bois. —* Ah! Monsieur, c'est que l'on m'a dit que vous n'étiez jamais exact. — Madame, *c'est une aigreur.* » Voilà un monsieur qui fait l'article pour les encadrements, c'est un homme à mettre *sous verre.* Seulement, son nez lui fait du tort, car il est auprès des dames, pour son *nez, craint.*

Vient ensuite l'article 3, un homme qui parle vingt-sept langues avec la sienne! C'est prodigieux. En fait d'article, si celui dont je viens de parler en est le roi, celui-ci pourrait en être *le prince Albert.* Il faut le voir à l'œuvre ! (imiter la voix et les gestes de M. A...) » *Veuillez vous l'asseoir. — Vous connaissez votre l'artiste, madame ? — Veuillez donner bulletin. — portrait* 35. — Madame veut *petit portrait? Bien, bien, bien, bien, bien, bien. — Dans petit écrin? Bien, bien, bien, bien, bien, bien !* »

Maintenant, je veux vous faire faire connaissance avec un *grand* personnage à lunettes. Du reste, elles lui sont indispensables, car il siége dans les catacombes de l'établissement. Ce monsieur, quoique fort éclairé, a besoin de lumière pendant douze heures du jour en été et douze heures en hiver; on peut dire, sans calembour, qu'il est constamment dans la *chambre noire*. C'est peut-être à son séjour dans ce souterrain que l'on doit de l'entendre à tout instant s'écrier aux artistes (imiter la voix et les gestes de M. S...) : « *Je veux des têtes*, passez-*moi vos têtes*, je les paie à *prix d'or*. » C'est notre caissier, teneur de livres, etc., etc., etc., etc., dix *et cœtera*. Un homme qui ne dort pas, qui n'a qu'un sommeil factice, où les chiffres dansent des polkas effrénées, et où ses livres exécutent des rondes macabres à faire dresser d'horreur sur sa tête les cheveux de la perruque de l'un de nos artistes. Notre confiance l'a investi de la *grosse caisse* et de la *caisse roulante ;* c'est sans doute pour cela qu'il tient à avoir *la caisse claire*. On lui attribue l'organisation de *cinq bals*. Dernièrement, pour une erreur de 2 centimes en moins, il a été huit jours sans prendre de nourriture, il n'a vécu que *de sa flûte*. Mais, ô bonheur! après ce court laps de temps, il avait triomphé, car, au lieu d'avoir 2 centimes en moins, il en avait 2 en plus!..

Passons aux opérateurs. Notre premier, le grand des grands (je parle au figuré) vaut son pesant d'or. Il le *vaut, vrai!*... Mais il s'est malheureusement épris d'une *ardente* passion pour notre rocher-calorifère, deux êtres qui s'entendent fort peu : c'est *le feu et l'eau*. Je crois que *le poêle* brûle pour lui, mais le rocher paraît moins sensible à cet amour de *feu*; on a beau le couvrir de fleurs et de gazon, l'arroser du matin au soir, rien ne peut attendrir ce *cœur de roche* : les fleurs se fanent, l'herbe sèche; ce que voyant avec douleur, un de nos artistes a proposé sa perruque pour tenir lieu de *gazon*. Pour éteindre cette *flamme*, chacun a *chaudement* fait tout ce qu'il était humainement possible; mais, hélas! sans succès! *Qu'alors y faire?*... Passons aux tribulations de la manipulation. Voici mon opérateur, que je surprends s'arrachant les cheveux et prêt à se manger *les poings*. « Qu'avez-vous? lui dis-je (imiter M. V ..) — Ah Monsieur ! ! ! ! ! » (des masses de *points* d'exclamation). Justement, Monsieur Rocambole, ce sont *des points*. — Des *points de côté?* dis-je. — Non, Monsieur, voyez où les *points sont*. — Mais, parbleu, il y en a partout, vous ne le voyez *point?* — Si fait; mais *le point* essentiel est de les faire disparaître; heureusement, j'arrive *à point*. Eh bien, Messieurs, tantôt ce sont des points noirs, tantôt des blancs; c'est à *ne point* s'y reconnaître. Vous n'avez pas une idée, Messieurs, de tous les déboires que le collodion et la température nous font éprouver. Et les bains, donc ! A propos de bains, il faut que je vous raconte ce qui est arrivé récemment. Une dame posait; il faisait très-froid ce jour-là. Je crie à mon opérateur, qui était dans le laboratoire : « Mettez la glace dans le bain. » (Au même moment je m'aperçois que cette dame frissonne). Quelques instants après, je lui crie de nouveau : « Vous êtes dans le bain ? » (Autre frisson de cette dame). — « Je sors du bain. » me dit-il. Cette dame se sauve derrière le réflecteur en criant : « N'entrez pas, Monsieur, ou mettez du linge ! »

Mais je n'en finirais pas, s'il fallait tout vous dire. Tenez, il y a encore l'artiste qui fait le daguerréotype, et par conséquent celui qui fait le polissage dudit : c'est le plus poli de la maison. Du reste, il est comme les hommes *très-polis sont*. Mais à chaque instant il vient nous dire (imiter M. T...) « Messieurs Rocambole et Rigolo, j'ai trop de lumière. » Une autre fois : « Monsieur Rocambole, je n'en ai pas assez. » Bref, il y a toujours quelque chose

qui cloche ; et cependant, c'est un *féroce* pour la *blague*... je veux dire la *plaque*. Ce n'est pas étonnant, il vient de Lyon ! Voici comment je divise son *entier :* un tiers parle ; un tiers fume, et *un grand tiers rit*. En dehors de ses attributions, il est le digne émule de Gérard, il ne manque jamais les chasses *de Lyon*. Il affectionne surtout l'affût dans les vignes, car nous le voyons toujours revenir de *ces chasses-là* chargé *de perdreau...* son chien.

Nous avons encore à faire connaissance avec d'autres employés, *très-positifs* et à *toute épreuve* qui, sans quitter la maison, vivent six mois au Sénégal et six mois en Sibérie, se plaignant toujours et de tout : du chaud, du froid, du jour, de la nuit, du soleil, de la lune, du brouillard, de la pluie, de la neige, de la grêle et des trente-six aires du vent (imiter la voix et les gestes de M. Fr...) : « Mais, monsieur Rocambole, me disait l'un d'eux dernièrement; mais qu'est-ce qu'on m'envoie de la *rue Vivienne ?* On dirait des portraits faits à *Pantin* ou *à la Villette* ; je ne peux pas tirer ça; j'ai beau virer et reviver, mettre dans le sel, dans le chlorure, dans l'hypo, dans l'ammoniaque, dans le nitrate, dans l'or, dans l'argent, ça ne vient pas ! J'aimerais mieux perdre dix-neuf parties de billard, en acceptant vingt-neuf points de trente, que de tirer ces épreuves-là !

Heureusement que j'ai paré à tous ces inconvénients en changeant d'hypo; car vous n'ignorez pas que c'est au moyen de l'hypo que nous virons nos fameuses positives. J'ai donc paré, dis-je, à ces déboires en me servant d'un nouvel hypo. J'ai essayé *l'hypo crate, l'hypo potame, l'hypo condre, l'hypo crite, l'hypo thèque*, et même j'ai voulu me servir *d'hypo lite ;* rien ne marchait ; j'ai été obligé de faire venir mon hypo de l'étranger, de la capitale de l'Italie, et nous réussissons parfaitement aujourd'hui, grâce à ce nouvel *hypo de Rome*.

Enfin, Messieurs, j'ai la tête cassée des plaintes de toutes sortes : chacun gémit, chacun peste contre la maison; quelques-uns ont la tête dure comme *Pierre*. Tenez, je les entends d'ici, un entre autres (imiter la voix et les gestes de M. F...) : « Ma foi, Monsieur Rocambole, je ne reste plus ici, si ça continue ; je ne peux pas tout faire, moi; il faut que je colle, que je cylindre, que j'encadre, que je courre à droite, à gauche, de la cave au grenier, du grenier à la cave, et puis que j'aille faire des recouvrements chez les femmes *bien mises*, qui, au lieu de me donner de l'argent, me mettent à la porte ; et puis que je reçoive à chaque instant des *coups de poing* de Mme Rocambole. J'en ai à revendre ; ma foi, j'en ai assez, j'en ai la *tête perforée !* »

Et si vous saviez tous les déboires que nous éprouvons encore avec nos fournisseurs ! Ce sont les fabricants de produits chimiques, les doreurs, les gainiers, les encadreurs, etc., etc. Les uns nous donnent de l'alcool de betteraves pour de l'esprit-de-vin, et, comme nous avons *l'esprit devin*, nous avons remarqué du sable dans l'acide pyrogallique, pour qu'il pèse plus lourd; du sel dans le chlorure d'or, du nitrate de plomb pour du nitrate d'argent, de l'eau de puits pour de l'eau distillée, et, pour de l'acide acétique, du vinaigre à salade. Puis le gainier, qui nous donne des écrins en toile pour des écrins en maroquin, du velours de coton pour du velours de soie, des verres pour des glaces; il prétend que c'est l'encadreur qui les lui donne; l'encadreur prétend que c'est le gainier; enfin, il y a un coupable; et si ce n'est pas lui, c'est *donc Julien ?...*

Le doreur vous vend des cadres cuivrés pour dorés; il n'exécute jamais comme on le lui commande. Vous lui demandez un cadre carré; vous croyez que c'est fait carré? Eh bien, pas du tout, c'est fait *rond !*

Enfin, peu sont sincères, francs et de bonne foi, comme ils devraient être tous. Je ne connais, en fait de gens de cette *valeur*, que *Lécu de si franc*. Eh bien, de tout ça, *Lécu rit*.

Ensuite viennent nos artistes, de bons enfants, mais difficiles à diriger.

« Monsieur Rocambole, mon épreuve est trop noire.—Monsieur Rocambole, mon épreuve est trop blanche. — Monsieur Rocambole, mon épreuve est trop grise. — Le papier est mauvais — Le fond avance trop. — La pose est trop roide. — La tête trop levée. — Les yeux trop baissés. — Les jambes trop longues. — Les bras trop courts. » Écoutez-en un (imiter l'accent allemand de M. B...) :« *Meiner Rocambole, je n'hâcre pli d'ouvrache*. Puis une autre (imiter Mme L...) : « Mon Dieu, messieurs Rocambole et Rigolo, quand pourrai-je jouir paisiblement de ma petite place? Voilà quinze fois que vous me faites changer! Moi, j'ai mes petites habitudes, mes petites manies; j'aime à avoir tout sous la main : mes petits effets, mon petit chapeau, mes petits bouquets et mon petit déjeuner. »

Puis un autre (imiter l'accent gascon de M. C...) : « Sandis, monsieur Rocambole, *s'il est une chosè dignè di rèmarque*, c'est qué je n'ai pas beaucoup d'épèreuves aujourd'hui; je n'en emporte qué vingt-cinq cè matin; il m'en faut uné douzainé pour ces dames du quatrième. Sandis de cadédis, monsieur Rocambole, faites-moi *cè cadeau* !...»

Mais, heureusement, ils sont charmants avec les clients. (Imiter la voix et les gestes de Mlle F...) : « Ah! Madame, dit l'une, votre épreuve est tout simplement un chef-d'œuvre ! — Descendez-la, Madame, et faites-la encadrer. — *Adieu, Madame, adieu!... adieu!...*

(Imiter la voix et les gestes de Mlle P...) : « Ah! Madame, dit une autre avec un esprit de démon, en s'adressant à un client bossu, votre dame, en recevant votre portrait, sera enchantée de ce *bienfait.* »

Puis un autre (imiter l'accent italien de M. S...) : « *Madame, zé vous conseillé de vous faère faère comme zé faité l'autre zouré ouné famillé à l'houilé !* »

Un autre s'informe de la santé de ses modèles (imiter lentement M. B...) : « Monsieur, je vous trouve le teint un peu terreux, un peu jaune-bistre; vous devez avoir une *hépatite* aiguë *chronique*, ou une *clolémie hyperemphraxique; ou*, pour être plus clair, un *ictère de la vésicule du fiel de l'appareil sécréteur par la résorption des conduits biliaires hydrolithiques*. Il faut soigner cela au moyen des infiniment petits, des contraires de l'homœopathie enfin, et il n'y paraîtra plus. Votre teint n'exigera plus le minium de ma palette. Moi qui vous parle, Monsieur, je me suis guéri, par ce moyen, d'une *dynamotrypie* et d'une *hémathoïdie encéphaloïdique*. »

Puis, enfin, un autre pousse la politesse jusqu'à saluer ses modèles avec sa perruque. Ah! celui-là, de tous mes retoucheurs, j'ose le dire, c'est le plus rangé et le plus doux, un *gentil Bernard*, un homme à canoniser, un vrai petit saint, enfin, *c'est mon saint Bernard*.

Malgré toutes ces petites misères de ma vie photographique, je dois être juste et vous avouer que tout notre personnel est parfaitement choisi; chacun fait grandement son devoir et apporte sa part de talent, d'esprit et d'intelligence à l'ensemble de cette famille, de cette source d'où jaillissent chaque jour des gerbes d'or au soleil de la maison Rocambole frères et Rigollo.

> (Chanté.) Ah! vive la photographie!
> On peut, en quelques courts instants,
> Perpétuer, après sa vie,
> Sa binette à ses descendants.

Pendant qu'on prenait le café, la salle du banquet s'est métamorphosée, comme par enchantement en salle de bal. Quelques dames se sont éclipsées, pour revenir bientôt dans des toilettes plus légères et plus brillantes. Mmes Mayer et Pierson portaient des joyaux doublement précieux, des diamants, présents royaux qui ont fait autant d'honneur à ceux qui les ont reçus qu'à ceux qui les ont donnés.

Une bonne surprise attendait les danseuses : un orchestre, dirigé par M. Bousquet, s'est installé à une des extrémités de la galerie, et, dès les premières mesures, un quadrille assez nombreux s'est organisé. Si je me laissais aller à mes instincts féminins, je parlerais des fraîches coiffures, des jolies robes blanches, bleues ou roses ; mais je me contente de dire que le coup d'œil général du bal était tout à fait gracieux.

On a exécuté plusieurs quadrilles composés sur des motifs de M. Ernest **Mayer**.

Vers le milieu du bal, Mme Georgé a chanté les deux romances : *Je t'aimerai toujours* et *les Fleurs;* Mme Rase, un air du *Domino noir*, et M. Ernest **Mayer**, trois chansonnettes comiques, *les Pantins, les Distractions de M. Mathieu*, et *le Ténor léger*. Puis MM. Frédéric Mayer, Salviat, Lavillette, Perrin et Salomon, ont pris volontairement la place de l'orchestre pour jouer un quadrille, une valse et une mazurka de la composition de M. Ernest Mayer.

Les intrépides ont tenu bon jusqu'à cinq heures du matin, et les commissaires, comme des capitaines de vaisseau qui n'abandonnent le bord qu'après le départ de tous leurs compagnons, n'ont fait retraite qu'à la dernière extrémité.

Si j'ose attribuer à autrui mes propres sentiments, je dirai, pour terminer ce compte rendu, qu'on s'est séparé en regrettant que la nuit eût passé si vite, et en souhaitant tout bas que pareille occasion de se réunir se présentât souvent encore.

Pauline BAUCHET,

Secrétaire du comité pour le bal photographique du 8 février 1859.

PARIS. — IMPRIMERIE CENTRALE DE NAPOLÉON CHAIX ET Cᵉ, RUE BERGÈRE, 20. — 1950